AF260346

P.-L. IMBERT

LA
SOLUTION ÉCONOMIQUE

LETTRE A MM. LES DÉPUTÉS

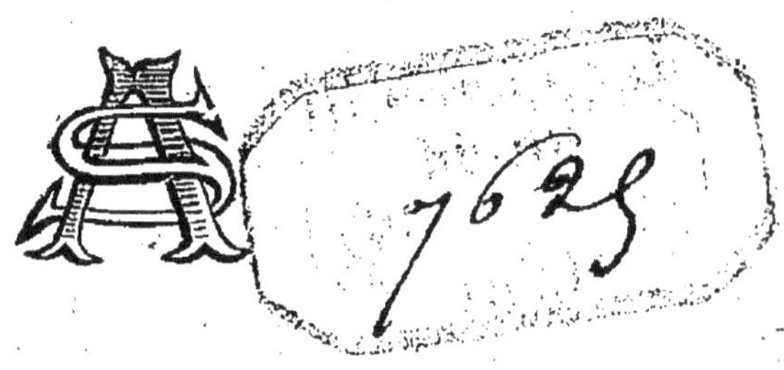

PRIX: 15 CENTIMES

PARIS
LIBRAIRIE ANDRÉ SAGNIER
9, RUE VIVIENNE, 9

LIBRAIRIE AUG. GHIO, 41, QUAI DES GRANDS-AUGUSTINS

1873

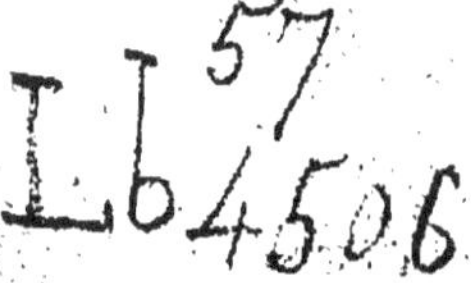
Lb57
4506

LA SOLUTION ÉCONOMIQUE

LETTRE A MM. LES DÉPUTÉS

I

La politique nous divise; je n'en parlerai pas. J'aborderai des questions plus élevées, qui nous placent au-dessus des partis.

Je vous prie de m'accorder toute votre attention et de ne point vous épouvanter des réformes nouvelles, mais absolument justes, que nous devons pacifiquement, à la manière de Turgot, introduire dans notre Constitution. La couardise de pensée, pas plus que toute autre, ne doit effleurer nos âmes. Habituons-nous à ne pas éluder, avant d'avoir sérieusement réfléchi, les améliorations d'utilité nationale. Je vous promets, du reste, de ne point vous égarer à travers des rêveries théoriques. J'ai le culte de la raison : j'étudie mon époque, j'analyse ses tendances et j'en dégage le fait pratique.

II

On nous cite encore les systèmes politiques grec et romain : au rebut, avec les Capitulaires de Charlemagne, cette vieille friperie des âges éteints. Nous avons aujourd'hui d'autres mœurs et d'autres idées; soyons de notre temps. Passons l'éponge sur tous les Codes anciens ou modernes, quels qu'en soient les auteurs, et faisons-en un qui ait pour base nos besoins actuels; constituons un régime qui soit en harmonie avec notre état social. Chaque époque a ses évolutions d'idées qui exigent des réformes radicales. Sachons les pratiquer dès qu'elles s'imposent. Si la société ne détruit et ne remplace constamment ses institutions, la liberté devient impossible, le progrès est nié. A l'œuvre, pionniers de l'avenir, à l'œuvre tout de suite! L'heure des vœux platoniques est passée, il faut des actes, maintenant, qui nous fassent oublier soixante siècles d'oppression et de misère.

Anacharsis, se moquant des lois de Solon, disait : « De telles lois sont de vraies toiles d'araignée : les faibles et les petits s'y prennent et s'y arrêtent, les puissants et les riches les rompent et passent au travers. » Cette parole semble datée d'hier, malgré trois révolutions accomplies. Elle serait éternellement applicable si nous ne repoussions les procédés hypocrites et les enfantillages traditionnels.

Jusqu'ici, les réformateurs ont manqué d'audace. Ils ont modifié, retourné, retapé, se figurant ensuite, à l'instar de certains industriels, avoir fait un habit neuf d'un vieil habit. Leur remède à l'état chaotique des éléments sociaux, n'est qu'un cataplasme sur une jambe de bois !

III

Arrangez, messieurs, combinez toutes les réformes politiques essayées ou proposées jusqu'à ce jour, vous les reconnaîtrez impuissantes à nous donner la JUSTICE SUPRÊME.

Nous la trouverons dans les réformes économiques.

« Celles-ci, plus que les autres, nous dit-on, doivent être effectuées lentement, progressivement, car la violence troublerait l'ordre, la production quotidienne se trouverait, par suite, supprimée ou, du moins, dangereusement atteinte ; la vie même de la classe ouvrière serait compromise, ce qu'il faut éviter à tout prix. » Eh bien ! je vous prouverai qu'on peut, d'un seul coup, sans troubler quoi que ce soit, opérer la révolution la plus profonde et la plus grande de toutes celles que mentionne l'histoire universelle.

IV

Toutes nos recherches ont eu pour objet l'application de la justice dans les relations économiques.

Sublime tâche que celle de relever la morale et d'assurer l'ordre, d'étouffer le mal et de propager le bien!

Des intelligences faussées m'objecteront peut-être que, sous des apparences philanthropiques, nous nous proposons de détruire la famille et la propriété? Allons donc! mais l'institution de la famille n'est pas seulement naturelle, indispensable, elle est essentiellement civilisatrice! Mais abolition de la propriété signifie, dans les faits économiques : débarras de certains priviléges qui mettent l'embargo sur le travail, et non communauté des biens!

Je passe sous silence le morcellement du sol à tant de mètres carrés par tête. Ceux qui poursuivent un tel projet finiront leurs jours dans une camisole de force.

Le produit annuel de notre agriculture étant de 7 milliards 500 millions, le revenu quotidien ne s'élèverait, pour chacun de nos 36 millions d'habitants, qu'à 2 fr. 08, sur lesquels il faudrait déduire la rente, l'impôt et tous les frais à payer. L'égalité des fortunes, s'il était possible de la maintenir, aurait pour résultat fatal la misère de tous. Je défie les utopistes de me prouver le contraire.

Si quelques cerveaux creux, quelques esprits malades enfantent des rêves malsains, ne les écoutons pas; leurs idées diffèrent autant des nôtres que le charlatanisme diffère de la science.

Nos idées, à nous, ne sont ni celles de Fourier, ni

celles de Saint-Simon, Owen ou Pierre Leroux. Je vais les résumer en quelques pages. Vous allez connaître, vous les premiers, la solution du problème des problèmes, que Proudhon, malgré de laborieuses et savantes recherches, servies par de hautes qualités, a seulement effleurée dans sa banque d'échange.

V

Quel est le but de l'économie politique? La multiplication du travail et la pratique du juste prix. Tout l'organisme social est contenu dans ces deux propositions. Le bien-être, la paix, la justice, en sont les conséquences naturelles. En les réalisant, nous ouvrons au progrès industriel, agricole et commercial, une porte à l'infini.

Dans l'état actuel des relations humaines, le plus sérieux obstacle qui se dresse en travers de nos aspirations est l'agio, c'est-à-dire l'arbitraire, le mensonge, l'escroquerie tolérée par les lois. Il est réciproque, je l'admets; c'est peut-être une excuse; mais il est en même temps inégal, et, comme tel, absolument réprouvable, car il emplit les grosses bourses en épuisant les petites : il est une saignée au cœur du paupérisme. En effet, voici un tisserand qui livre une pièce de toile à un certain prix, presque toujours minime, car la misère le talonne. Le commerçant, qui l'emmagasine, ne la revendra pas à moins d'un bénéfice de cinquante pour cent. De sorte que l'ouvrier qui l'a faite ne pourra, plus tard, la racheter pour les besoins de son ménage, parce que son gain de fabrication n'est pas en rapport avec le profit exagéré que s'attribue le marchand en sus de son salaire. Tel est l'agio dans son immorale crudité. Il est dans les affaires ce qu'est la lèpre sur le corps. Il pompe et corrompt les sources mêmes de la vie sociale. Dès que nous l'aurons supprimé, — nous en avons les moyens, — le bon marché se fera, les débouchés s'ouvriront. Il est clair que si les habits, par exemple, au lieu de se payer deux cents francs, ne se payaient plus que cinquante, on en achèterait davantage, on les renouvèlerait avant que la trame ne fût qu'un crible à frimas; ainsi pour le reste. Le prix des choses ne représentant plus que le travail qui leur est incorporé, ou, en d'autres termes, leur prix étant réduit à ce qu'elles ont coûté de journées de travail, étant adéquat à leur valeur, la consommation et, par suite, la production augmenteraient prodigieusement. Par le juste prix, on mettrait, en quelque sorte, un multiplicateur au dos de la société.

Disons, avant d'aller plus loin, ce qu'est, en économie, la journée de travail. Elle se compose de tous les besoins immédiats de l'homme, plus de l'épargne nécessaire au repos de ses vieux jours, à l'époque de son existence végétative. Il est facile, d'après cette donnée, de se rendre compte de la valeur exacte des produits et services, et de déterminer la vente. Je ferme la parenthèse et je poursuis.

L'agiotage, reconnu pour la mauvaise plante qui étouffe nos réformes dans leur germe, remontons à sa cause première, attaquons-le dans sa racine, qui est la productivité des capitaux.

Oh ! rassurez-vous, messieurs, nous ne voulons pas anéantir le capital, très-légitime, puisqu'il est du travail accumulé ; nous voulons seulement lui enlever son caractère léonin, découronner la pièce de cent sous, républicaniser le numéraire.

Étudions-le dans les opérations dont il est la base.

J'ai fait une commande et n'ai pas l'argent pour la payer et la recevoir. Je m'adresse à un banquier et lui offre six pour cent d'intérêt de la somme qui m'est nécessaire. Il en exige huit et me tourne le dos si je refuse. Mon magasin est vide, les marchandises attendues sont indispensables à mon commerce, je m'incline sous l'usure, je m'enfonce dans le flanc les cornes du veau d'or.

La Banque de France, fondée sur le même principe que les autres, a fatalement les mêmes vices, quoique de forme plus raffinée, moins apparente.

Son encaisse en numéraire, nous dit-elle, répond des billets qu'elle lance dans la circulation. Mais son capital ne s'élève qu'à deux cents millions, et elle opère sur huit cents ! Ses billets n'ont, par conséquent, qu'une valeur fictive, ils sont une fausse monnaie, puisque l'encaisse est aux sommes émises ce que un est à quatre ! Donc, lorsque la Banque de France semble n'escompter qu'à trois pour cent, elle escompte à neuf pour cent, parce qu'elle spécule sur trois capitaux qu'elle n'a pas, qui ne représentent rien ! Encore l'usure, toujours l'agio !

Si, me répondra-t-on, au lieu d'être livrée à l'exploitation d'une compagnie financière, elle appar-tenait à l'État, elle pourrait abaisser graduellement le taux de son intérêt. Elle travaille aujourd'hui sur quatre capitaux ; qu'est-ce qui l'empêcherait de tra vailler sur douze et sur vingt, ce qui réduirait consi-dérablement son escompte ?

Oui, messieurs, sans doute, théoriquement, elle pourrait ainsi réduire l'intérêt et viser à zéro ; mais son encaisse ne garantissant plus que le douzième, le vingtième des valeurs émises, croyez-vous que la confiance persisterait ? Non, non, et non !

VI

Voilà, maintenant, une autre phase de cette question multiple. Après avoir démontré la tyrannie de la productivité du capital, l'usure qui l'entache, le monopole des fortunes dont elle a le privilége, nous arrivons à reconnaître l'insuffisance du numéraire.

En effet, la valeur des produits est cent fois plus considérable que celle de la monnaie courante ; de sorte que, dans le système financier actuel, on ne peut aider les producteurs que dans la proportion de un à cent ; tandis qu'une force agit, quatre-vingt-dix-neuf chôment. C'est comme si une compagnie de chemins de fer n'avait qu'une locomotive pour déplacer cent convois. Elle dirait : « Je vais les traîner les uns après les autres. » Mais pendant que l'un roulerait vers sa destination, les autres attendraient leur tour et les marchandises remisées resteraient improductives. Supposons que nous ayons les cent machines nécessaires : alors, tous les convois arrivent sans retard, toutes les marchandises produisent à la fois, plus de chômage : les cent forces fonctionnent ensemble au profit de la société.

Vous le voyez, messieurs, le nœud gordien de la routine se relâche et s'effiloche sous la morsure d'une logique rigoureuse, la route de la vérité s'éclaire, l'horizon s'agrandit, nous nous acheminons à pas sûrs vers la justice commutative.

Tirons le principe régénérateur du chaos de nos institutions anti-sociales ; faisons jaillir la pensée lumineuse, féconde, justicière, au milieu des ténèbres dans lesquelles tâtonnent, pataugent nos intelligences ; créons d'un mot, d'un jet, sous l'inspiration du bien, un organe de crédit qui tue l'agio, multiplie le travail, active la circulation, et nous aurons atteint le point culminant de notre tâche, nous posséderons la clef de toutes les difficultés, de toutes les déductions économiques.

VII

Rien de plus simple : généralisons la lettre de change ; constituons un organe de circulation monétaire dont elle soit la base.

« Mais, me direz-vous, cette idée n'est pas nouvelle ; Proudhon l'a proposée en 1848 ! » Attendez, messieurs, vous allez voir que les deux idées diffèrent absolument ; il existe entre elles toute la distance qui sépare l'erreur de la vérité.

Proudhon proposait d'émettre des billets gagés par des produits qui seraient entassés dans des magasins généraux ; idée détestable s'il en fut, car les marchandises peuvent se détériorer et subir, pour une foule de causes, de notables dépréciations. Il proposait, en outre, d'échanger ces produits emmagasinés contre d'autres produits de nature différente. Ainsi, je suppose qu'un gantier eût besoin de meubles : au lieu de les acheter chez un ébéniste, il se serait adressé à la banque d'échange, qui les lui aurait fournis contre une livraison de gants de valeur équivalente ; idée aussi détestable que la première, dont elle est la conséquence.

Le billet de Proudhon, comme celui de la Banque de France, est une fausse monnaie, car il est le signe du travail, et le travail n'est pas une valeur. Je justifie cette assertion qui semble une subtilité de pédagogue.

J'ai dans ma poche un manuscrit ; c'est du travail, beaucoup de travail même, incontestablement ; mais vaudra-t-il jamais quelque chose au point de vue commercial ? Je l'ignore. Puis-je admettre qu'un chapelier me l'échange contre des chapeaux, ou qu'un sérieux établissement de crédit me prête dessus avant qu'un éditeur ne me l'ait acheté ? Eh ! non, cela tombe sous le sens commun. Par conséquent, pour être bon, un billet doit être non point le signe des produits, mais celui de leur valeur réalisée. Tel est le nôtre.

Il s'agit donc de fonder une banque nationale qui émette des billets gagés par les valeurs des lettres de change qu'elle encaisse. Ces lettres de change seront à deux signatures. Reconnues solides, la banque les acceptera, leur mettra son estampille et délivrera son papier en échange, ne prélevant dans l'escompte que $1\lceil 2$, $1\lceil 4$, $1\lceil 8$ pour cent, juste ce qu'il lui faudra pour ses frais d'administration et sa garantie contre les risques mercantiles, à peu près nuls, du reste. A l'encontre de toutes les banques, qui visent à l'escompte le plus élevé, la nôtre vise à zéro. Un organe de crédit national ne doit point exploiter la société.

Observation importante. — La lettre de change actuelle ne s'escompte qu'à trois mois, ce qui nuit énormément au commerce. Exemple : Un tailleur achète chez un fabricant une certaine quantité d'étoffes qu'il ne peut payer avant six mois. Il en signe la valeur, qui reste improductive pendant quatre-vingt-dix jours. Jusqu'à ce terme, le fabricant est privé de l'usage de la somme qui lui est reconnue par son client. Avec notre banque, au contraire, il en jouira tout de suite, car elle escomptera non plus seulement à trois mois, mais à six, mais à douze, mais à vingt-quatre !...

Le nouveau billet ne sera pas susceptible de dépréciation, comme celui de la Banque de France, parce qu'il ne sera émis que contre bonnes valeurs, au fur et à mesure des demandes d'escompte, et sera détruit, comme à la Banque d'Angleterre, au terme de la circulation des lettres de change dont il sera le titre. Il offrira plus de sûreté que l'or, car il représentera la valeur des produits vendus, il en sera le signe algébrique, tandis que l'or n'en est que l'équivalent. Il organisera le crédit en tuant l'agiotage, auquel donnent lieu la rareté des métaux monnayés, car il suivra dans son émission la marche progressive du travail. Il fera le bon marché, car plus la monnaie est abondante, plus les demandes sont nombreuses (1). Or, la demande développe la concurrence, la concurrence amène le bas prix, et comme notre billet, par son émission incalculable, multiplie à l'infini l'offre et la demande, ou, si vous préférez, la production et la circulation, il est de toute évidence que

---

(1) Il est indubitable que chacun de vous, tout comme moi, s'il était dix fois plus riche, s'accorderait dix fois plus de jouissances.

chaque chose se paiera bientôt au juste prix, déterminé par les journées de travail qu'elle aura coûtées. La valeur sera donc constituée. Est-ce à dire que, si tout se vend à prix de revient, personne ne pourra s'enrichir? Non, certes, au contraire, le commerçant se rattrapera sur la quantité de vente. Songez aux petits journaux à un sou. Tirés à mille, ils sont en perte; mais à cent mille, ils réalisent de gros bénéfices.

Fortunes particulières et richesse nationale s'accroissent ensemble par notre organe monétaire d'une manière prodigieuse, et j'ose dire, sans crainte d'être démenti par les faits, qu'en l'adoptant, la France se créera des ressources telles qu'il lui sera facile de s'acquitter, en moins de cinq ans, de son énorme dette. Augmenter annuellement la demande de travail de trois ou quatre milliards et les employer au remboursement des divers emprunts en papier valeur, tel est le mode à suivre. Cette augmentation ne vous paraîtra point exorbitante quand vous serez bien pénétrés de l'esprit de notre système.

Appliquons-le à l'impôt.

VIII

Ni Adam Smith, ni J.-B. Say, ni Sismondi, ni de Parieu, ni Rossi, ni les autres maîtres de la science économique, n'ont su en trouver un seul qui fût vraiment équitable.

L'impôt proportionnel est dirigé contre le pauvre. En frappant le nécessaire, il spolie le salariat.

L'impôt progressif, qui consiste à grever certains produits plus que les autres, peut servir de prétexte à toutes sortes d'exactions et d'arbitraires.

L'impôt foncier, établi en 1789 d'après les anciennes évaluations de la terre, n'est plus juste maintenant, car, depuis cette époque, le mode de culture et le prix des denrées ont changé. La fécondité, du reste, varie d'une année à l'autre, et l'on n'a pour règles que des revenus hypothétiques.

Injuste encore est l'impôt mobilier, car l'élément qui lui sert de base n'est presque jamais en rapport avec la fortune.

Injuste l'impôt sur les successions, car il viole le principe familial, attaque la société dans sa racine la plus profonde : la transmission héréditaire.

Injuste l'impôt sur les patentes, car les bénéfices varient selon les individus.

Injuste l'impôt des portes et fenêtres, car les maisons n'ont pas partout la même valeur. En outre, n'est-il pas inique de taxer l'air et la lumière que nécessitent les travaux et la santé des familles?

Que dire des impôts indirects?

Appliqués aux objets de première nécessité, ils détruisent l'équilibre entre la production et la consommation.

Appliqués aux objets de luxe, ils sont insuffisants, à moins qu'on ne les augmente jusqu'à diminuer les forces productives du pays. Que ceux qui parlent de proscrire l'art, soient logiques jusqu'au bout : qu'ils retranchent l'idéal dans la civilisation, les fleurs dans la nature !

Reste l'impôt unique sur le capital ou sur le revenu. Ce dernier serait, sans contredit, le meilleur, s'il était possible d'avoir le tableau exact de la fortune de chacun. Et, même dans ce cas, se heurterait-on à ce grave dilemme : ou l'impôt serait prélevé sur le brut, et les salariés seraient exposés à mourir de faim, ou il serait prélevé sur le net, et les riches, auxquels incomberait toute sa charge, seraient bientôt ruinés.

Les autres formes d'impôts que j'oublie, tombent sous ces diverses critiques.

Tous étant irrémédiablement défectueux ou mauvais, je ne vois qu'un moyen de sortir de l'impasse : les abolir et leur substituer un autre système. C'est bien simple ; mais on n'a pas encore su ; — peut-être n'a-t-on pas osé, par crainte de cette multitude naïve, effarée, hurlante, qui crie, dès qu'on touche au vieil édifice gouvernemental, qu'il va s'effondrer sur nos têtes !

IX

Proudhon l'a très bien dit : « L'impôt est un échange. » L'Etat doit, par conséquent, nous rendre en services la valeur exacte des sommes que nous lui payons. S'il ne le fait, il est mal organisé ; il fonctionne comme un estomac qui ne distribuerait pas aux membres toute la nourriture qu'il reçoit ; et, je l'avoue avec douleur, cette figure de ma pensée est la critique saisissante de nos institutions fiscales.

Certes, sans transformer l'impôt actuel, qui est à peu près de 20 pour 100, nous pourrions, en multipliant le travail par 20, arriver à ce que nos contributions ne parussent être que de 1 pour 100 ; mais le remède n'aurait qu'une apparente efficacité, pareil à ces onguents qui dissolvent les tumeurs sans en détruire la racine.

Recourons à notre banque. Organe du pays, elle prélèverait, en sus de ses frais d'administration, 1 pour 100 d'escompte, je suppose, pour le service des télégraphes et des postes, l'entretien des routes, la salubrité, les écoles, les bibliothèques, etc., toutes choses d'utilité publique : ce serait l'impôt. Donc, en place de tous ceux que nous avons condamnés, nous en aurions un qui serait juste, puisqu'il serait à la fois égal et proportionnel, qui ne gênerait personne, puisqu'il ne frapperait que très légèrement des produits vendus. Et notez, messieurs, que pas un de nous ne voudrait s'y soustraire : d'abord, parce qu'en réalisant nos lettres de change, nous éviterions les dangers d'une longue échéance ; ensuite, parce que les billets de banque que nous aurions tout de suite en main, nous permettraient de renouveler, sans retard, nos matières premières, nos marchandises, et, par de nouvelles opérations, d'accroître rapidement notre fortune.

Notre organe de crédit centuplant le travail, les sommes rapportées à l'État par l'impôt seraient également centuplées ; d'où cette conclusion, qui paraît paradoxale au premier abord : plus l'impôt emplirait les caisses du pays, plus les contribuables s'enrichiraient.

X

Je souhaiterais, messieurs, développer certaines parties à peine indiquées ; mais elles m'entraîneraient trop loin. Je les reprendrai plus tard. Pour le moment, je ne dois pas oublier que j'écris une lettre, déjà très longue, dont l'aridité vous fatigue sans doute.

Le sujet que je traite est un de ceux qu'on ne peut saisir du premier coup, au vol de la parole. Il faut l'étudier longuement, à tête reposée, pour bien s'en pénétrer ; aussi m'estimerai-je heureux si je réussis seulement à vous en donner un aperçu d'ensemble.

Toute la politique, toute l'économie sociale, toute la science philosophique sont contenues dans notre organe de la circulation monétaire. Il est à nos institutions ce que le soleil est au monde sidéral. Il leur donne une impulsion et une vie nouvelles. Il brise le vieux moule dans lequel nos ancêtres ont coulé l'humanité et nous lance, en pleine lumière, vers l'avenir radieux.

XI

Que vous dirai-je encore pour vous donner une idée plus large de ce système régénérateur ? Vous détaillerai-je chacune de ses mille facettes ? Vous parlerai-je, par exemple, de la question des grèves, qu'elle résout comme toutes les autres questions ouvrières ? Mais vous concevez très-bien que la demande dépassant l'offre, l'ouvrier pourra toujours exiger un salaire proportionné à son produit, et que le patron aura tout intérêt à le lui accorder. J'ajouterai que cet équilibre ramènera le manœuvre à la condition moyenne. Réfléchissez-y, messieurs, suppléez par votre intelligence aux lacunes d'un résumé trop court.

L'agio, je ne cesserai de le répéter, est notre mortel ennemi. Supprimons-le par l'adoption du système que je viens d'expliquer, et nous verrons bientôt les querelles mercantiles, — les procès, — l'exploitation, — la misère, — le paupérisme qui, rendu féroce par les privations, se rue sur les classes aisées, provoque les révolutions et suscite la tyrannie, — tous les priviléges et tous les abus, — toutes les castes et toutes les inégalités sociales, se réduire et disparaître comme par enchantement ; — les fortunes se déplacer et s'équilibrer ; — la propriété se transformer sans loi agraire ; — le travail, affranchi

du capital, se développer d'une manière fou-
droyante, répandre partout le bien-être et le bon-
heur.

Mais, m'objecterez-vous, peut-être, puisqu'on peut
thésauriser, cumuler le papier de votre banque, pour-
quoi ne pourrait-on spéculer sur lui comme sur les
capitaux monnayés ? Par cette raison très simple,
messieurs, que notre organe de crédit ayant des suc-
cursales partout et le taux de son escompte étant à
peu près nul, tous s'adresseront à nos bureaux, à
moins d'admettre qu'il se trouve des travailleurs assez
fous pour payer un gros intérêt auquel ils ont les
moyens de se soustraire, ce qui serait aussi absurde
que de se mettre sans motif une pierre au cou pour se
noyer.

Quant à la monnaie actuelle, on s'en servira pendant quelques années, jusqu'à ce que notre système
soit partout adopté, puis on en fera, si l'on veut, des
statues et des bijoux.

XII

La question du suffrage universel vous divise. Quel-
ques-uns d'entre vous en souhaiteraient la perma-
nence, d'autres voudraient bien le supprimer.

Notre régime économique, en changeant le mode
d'appel aux assemblées primaires, vous mettra tous
d'accord.

Le suffrage universel est mal compris, son point de départ est faux ; il n'est pas, comme on le répète, l'expression exacte de la pensée nationale. Il faudrait donc, au lieu de s'en servir tel qu'il est, rechercher ce qu'il doit être ; avant de le pousser jusqu'à ses limites extrêmes, en avoir trouvé la véritable, la juste pratique.

Comment procède-t-on, aujourd'hui ? L'Etat dit au peuple : « Tel jour, de telle heure à telle heure, tu te rendras dans les comices pour élire des mandataires. Les destinées du pays sont dans tes mains ; la paix, la liberté, le bien-être général, dépendent de tes choix. Ferme l'oreille à la corruption, n'écoute que ton patriotisme, vote selon ta conscience. » Ce petit discours semble irréprochable et digne d'un traité de morale. Mais si nous descendons des hauteurs sereines de la théorie au fond des choses, l'expérience nous aura vite désillusionnés. En effet, voici plusieurs candidats en présence. L'un est économiste, l'autre littérateur, le troisième philosophe, etc. Est-ce qu'un laboureur, un cordonnier ou un maçon sont aptes à se prononcer sur des hommes dont les travaux leur sont absolument étrangers ? Non, mille fois non !

Ah ! si l'Etat disait, au contraire : « Paysans, nommez parmi vous celui que vous jugerez le plus fort en agriculture ; bottiers, élisez le plus capable en cordonnerie, » et ainsi de suite pour chaque profession..., alors, chacun donnerait son avis en pleine connaissance de cause ; nous aurions un conseil d'arbitres de premier ordre, auquel nous confierions sans crainte notre travail et nos fortunes ; le suffrage universel, dépouillé de toute erreur, ne serait plus une loterie ; les urnes ne seraient plus des boîtes à surprise d'où jaillissent des médiocrités bavardes et menteuses.

Voilà, messieurs, une des plus sérieuses réformes économiques : chaque corporation choisissant dans son propre sein pour député celui de ses membres auquel elle reconnaît le plus de mérite et d'honorabilité. — Croyez-vous que les délibérations d'une Chambre ainsi composée, ne seraient pas plus profitables au pays que vos éternelles discussions sur la politique ?

XIII

Que toutes les puissances écoutent notre voix, et la paix générale s'impose. Plus de douanes, plus de frontières, plus de déficit à combler par la conquête ; le protectionnisme et le libre-échange sont remplacés par l'égal échange, les régimes politiques par une organisation industrielle qui fonctionne comme une immense administration postale.

Beaucoup d'entre-vous, messieurs, ont toujours un mot sur les lèvres : l'ORDRE ! L'ordre, c'est leur dada. Ils le personnifient dans un homme : le roi. Eh bien ! je leur dis : le roi, c'est la révolution ;

l'ordre, ce n'est point un gouvernement quelconque; c'est, au contraire, la dissolution de tout gouvernement dans l'organisme économique. L'ordre, c'est notre système , car il implique la JUSTICE COMMUTATIVE, la JUSTICE UNIVERSELLE !

P.-L. IMBERT.

P. S. — L'organe de la circulation monétaire, dont mon ami Soret a rédigé les statuts, peut très-bien se passer du concours de l'Etat. Si quelque capitaliste veut, en faisant un bien immense, gagner plusieurs millions en peu de mois, qu'il s'adresse à nous, nous réaliserons ensemble cette grande idée, qui est le dernier mot du progrès économique.

23. — Impr. J. SOUBIE, impasse Bonne-Nouvelle, 5. — Paris.

www.ingramcontent.com/pod-product-compliance
Lightning Source LLC
Chambersburg PA
CBHW051223070726
47595CB00018B/3093